रूह की खुशबू

रूह की खुशबू

Surekha

ZORBA BOOKS

Publishing Services by Zorba Books, September 2021
Website: www.zorbabooks.com
Email: info@zorbabooks.com

Cover designed by Sithesh
Copyright © Dr Rekha Mishra

ISBN Print Book - 978-93-90640-59-1
ISBN eBook - 978-93-90640-61-4

Zorba Books Pvt. Ltd. (opc)
Sushant Arcade,
Next to Courtyard Marriot,
Sushant Lok 1, Gurgaon – 122009, India

Acknowledgment
I acknowledge my parents,
family, friends for inspiration.

Dedication

S.B.VIDEOS
DIGITAL EDITING STUDIO
& Event Managment
Contacts:
9700752139 / 8328645297
Mail: g4ghori@gmail.com

Mohammed Rafiuddin Ghori

Preface/Forward
Love can help to restore peace.

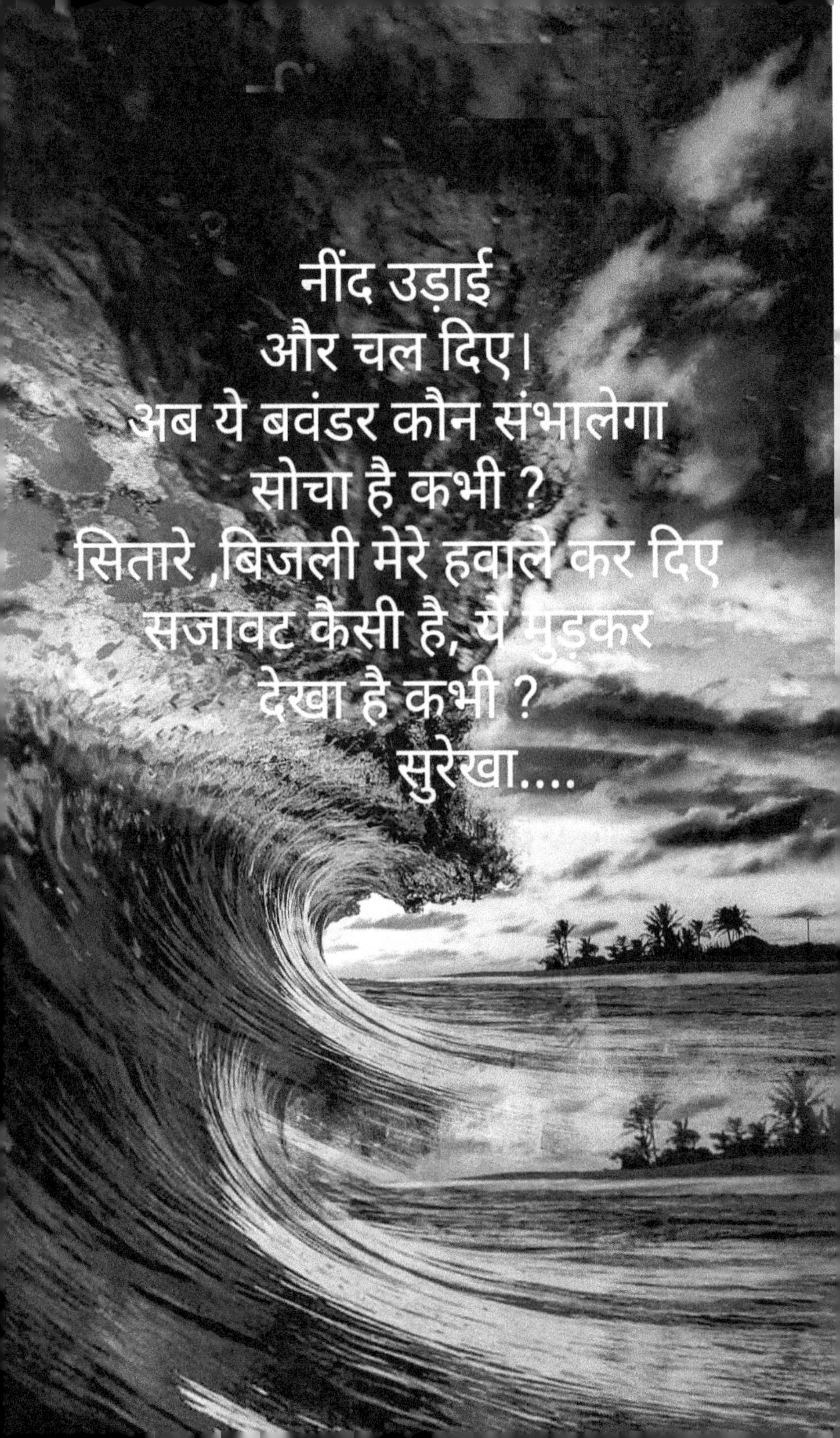

नींद उड़ाई
और चल दिए।
अब ये बवंडर कौन संभालेगा
सोचा है कभी ?
सितारे ,बिजली मेरे हवाले कर दिए
सजावट कैसी है, ये मुड़कर
देखा है कभी ?
सुरेखा....

रहस्य भरा समां
शायरी भी अजब।
लिख तो दिया
पर पता नहीं
अल्फाजों का सबब।
स्याही से नहीं किए
ये दस्तखत तो मेरी
आहों ने किए हैं।
और सुनने वालों ने
कहा
वाह वाह
क्या खूब
क्या गजब।
सुरेखा.....

उनको मालूम ही नहीं
क्यों हम जान छिड़कते है उन पर
बताएंगे तो शायद
यकीन ही नहीं होगा ।
सुरेखा...

फासलों ने तकाज़ा किया,
मौसम का मज़ा कुछ
किरकिरा हुआ।
नज़ारों का मूड थोड़ा
बिखरा हुआ ।
हौसले का रूप,
कुछ और निखरा हुआ।
सुरेखा..

मेरे महबूब की
दीवानगी की
इंतहा क्या बयान
करें
जगा जगा कर कहते
हैं
सो जाइए आराम से
-
सुरेखा....

पाने की चाहत को
कैसे संभालें।
दिलों के तूफ़ाँ को
कब तक दबा लें।
ना मिलना अब गुनाह
लगता है।
कुछ तो जतन कर
कि आंखें मिला लें ।
सुरेखा....

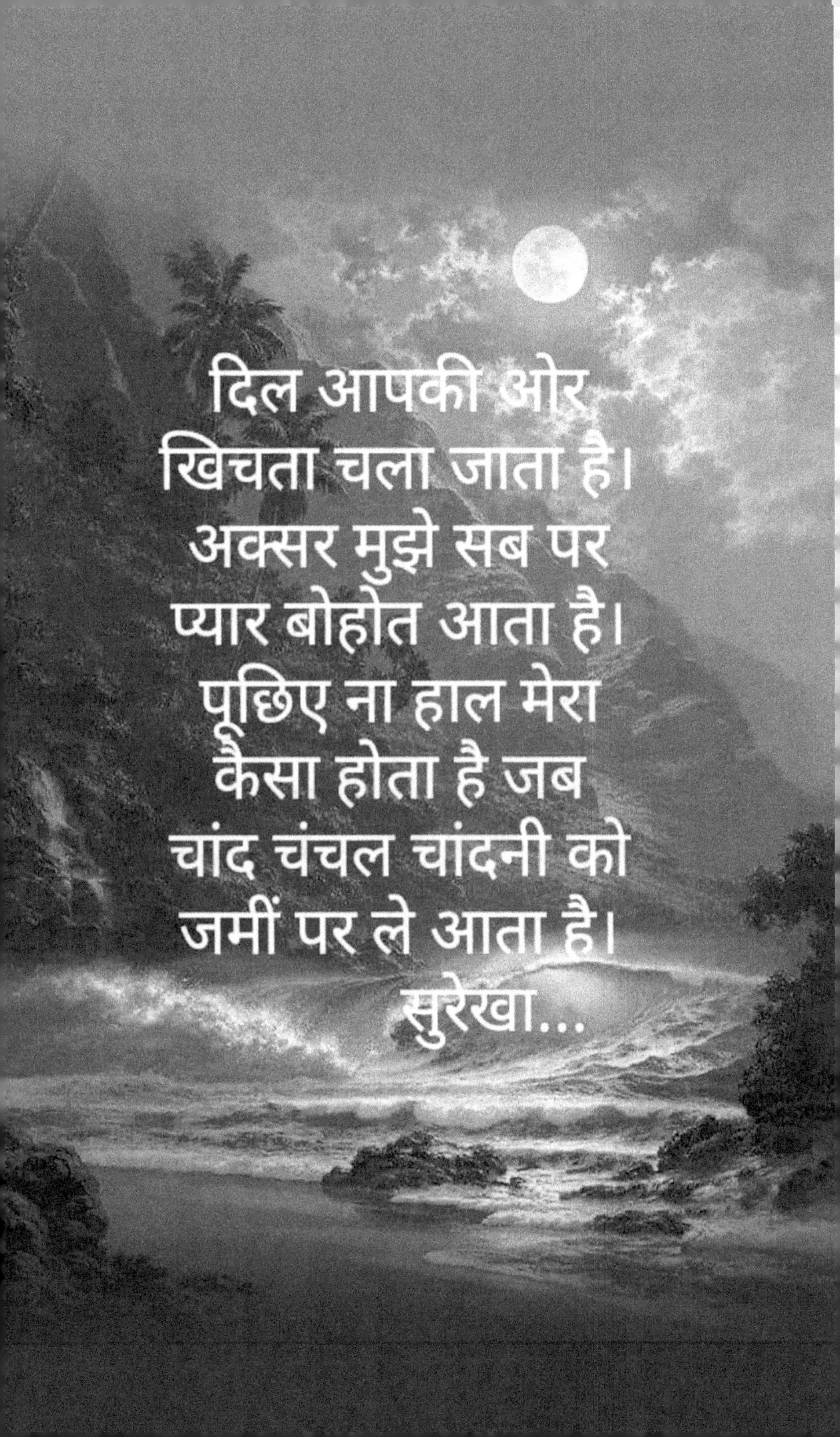

दिल आपकी ओर
खिंचता चला जाता है।
अक्सर मुझे सब पर
प्यार बोहोत आता है।
पूछिए ना हाल मेरा
कैसा होता है जब
चांद चंचल चांदनी को
जमीं पर ले आता है।
सुरेखा...

दिख रही हर रौशनी में
तस्वीर मेरे यार की
यूं किया दीवाना मुझको
मैं हुई दिलदार की।
फूल देखू, चमन देखू
बस नज़ारा उनका ही है
बदली बदली सी हो गई
देखो नजर बहार की।
सुरेखा...

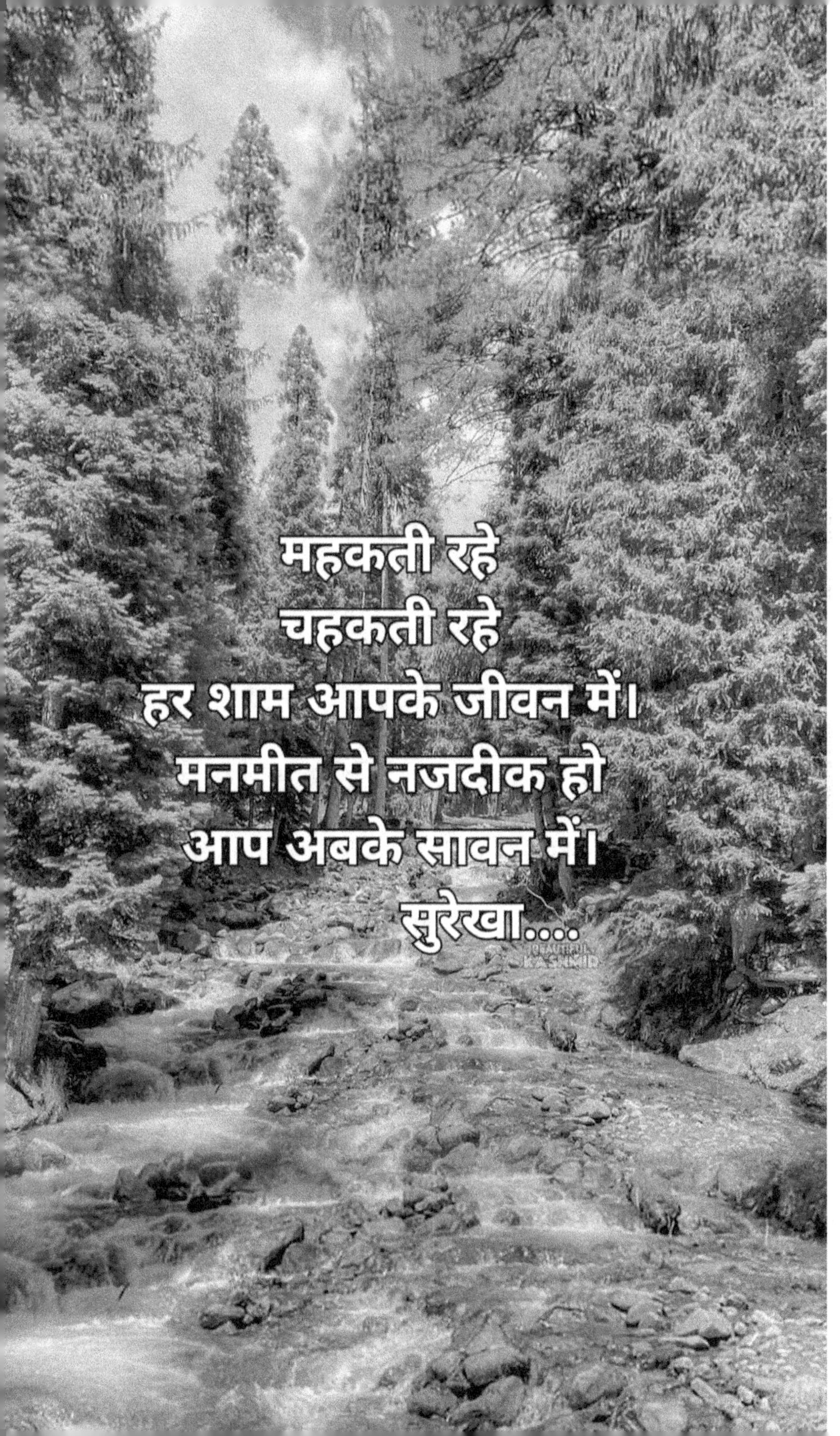

महकती रहे
चहकती रहे
हर शाम आपके जीवन में।
मनमीत से नजदीक हो
आप अबके सावन में।
सुरेखा....

मुठ्ठी में भर लूं सितारे
बिछा दूं आपकी राहों में।
आपकी हर सांस का
बसेरा हो बहारों में।
खुशियां कदम चूम रही
हर दुआ कबूल हो,
आपका ही नाम लिखा
हमने हसीं नजारों में।
सुरेखा..

हर रंग में छुपी दिख रही
चाहत की खुशबू
दिल मचल रहे हैं।
सदाएं दे रही बहारें
करीब आने की
इश्क के दीवाने जैसे
गले मिल रहे हैं।
सुरेखा...

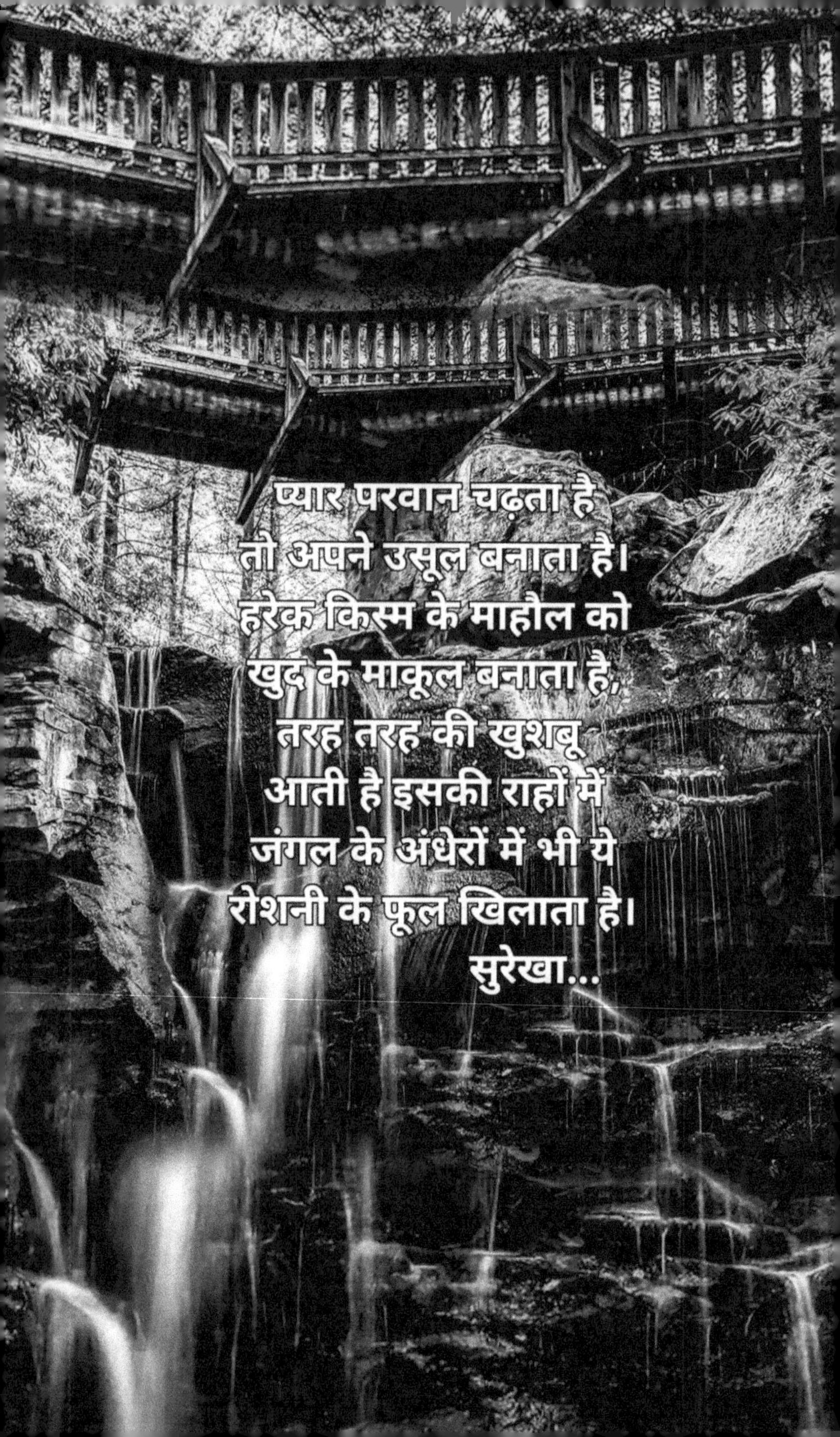

प्यार परवान चढ़ता है
तो अपने उसूल बनाता है।
हरेक किस्म के माहौल को
खुद के माकूल बनाता है,
तरह तरह की खुशबू
आती है इसकी राहों में
जंगल के अंधेरों में भी ये
रोशनी के फूल खिलाता है।
सुरेखा...

शायरी गुमसुम है कहीं
पर नाराज़ नहीं।
तमन्ना है गीतों की
पर साज़ नहीं।
बहुत कुछ कहने को है
बहुत कुछ सुनने को है।
बेताब है लफ्ज़ मगर
आवाज़ नहीं।
सुरेखा....

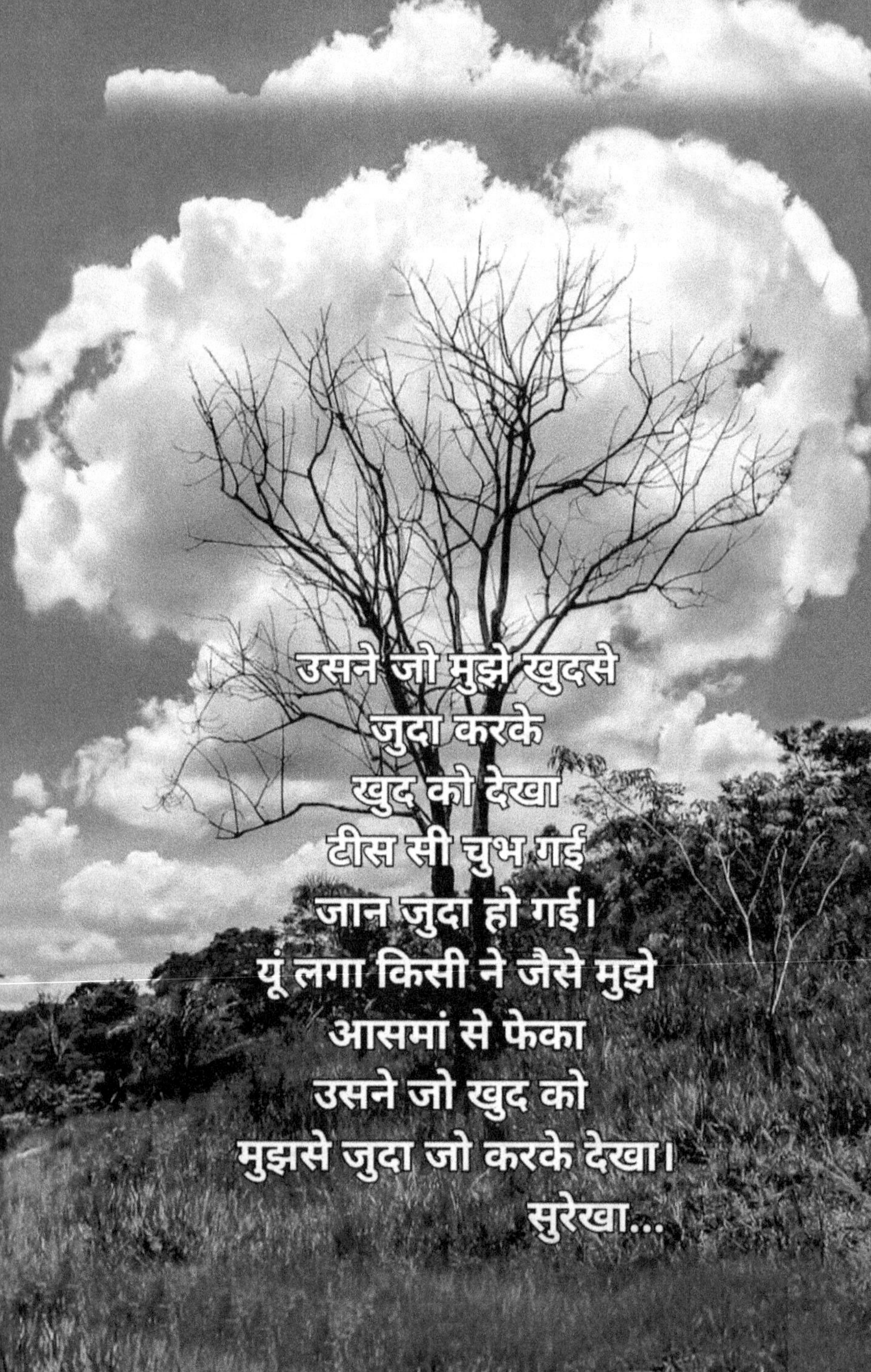
उसने जो मुझे खुदसे
जुदा करके
खुद को देखा
टीस सी चुभ गई
जान जुदा हो गई।
यूं लगा किसी ने जैसे मुझे
आसमां से फेका
उसने जो खुद को
मुझसे जुदा जो करके देखा।
सुरेखा...

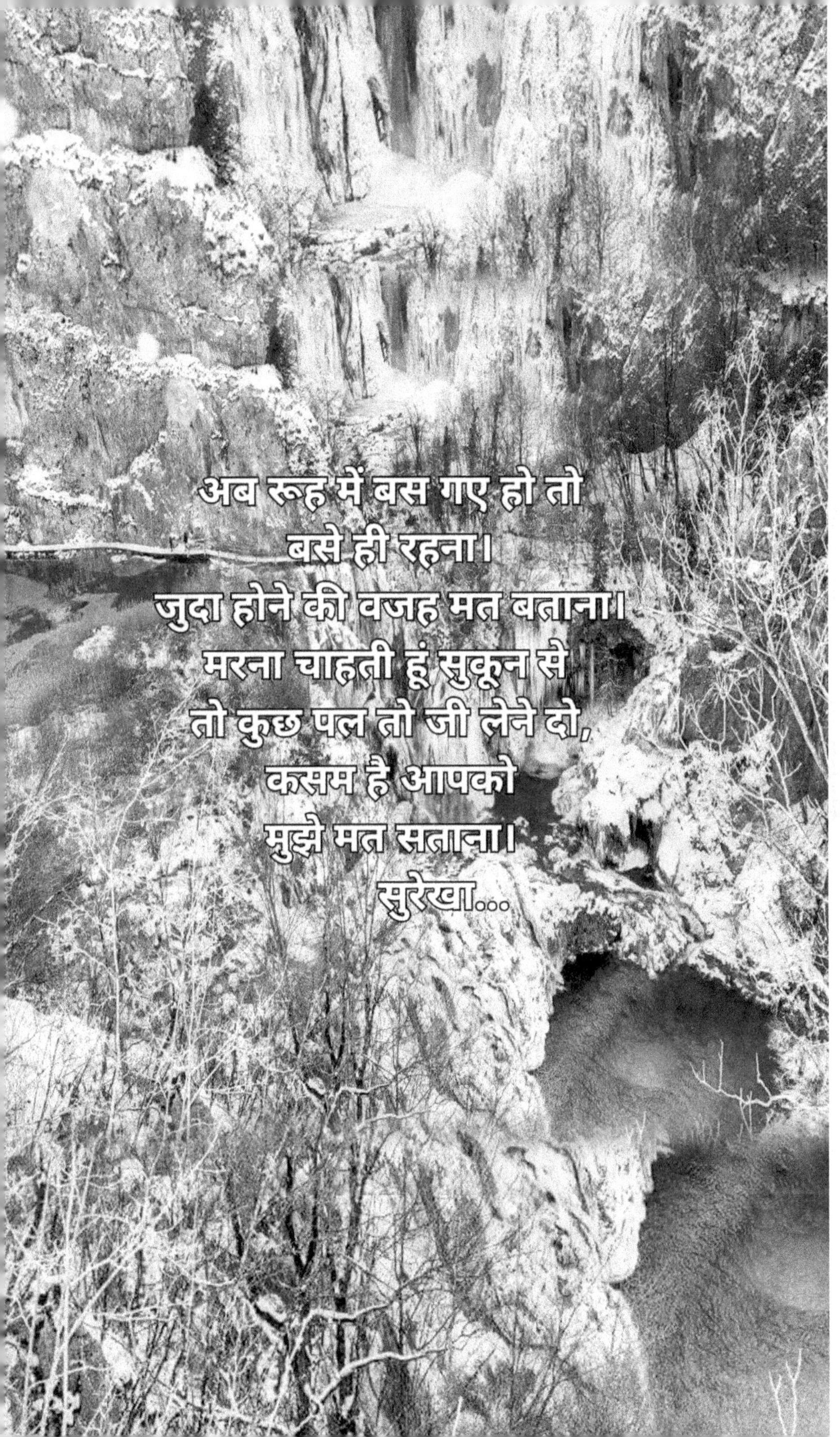
अब रूह में बस गए हो तो
बसे ही रहना।
जुदा होने की वजह मत बताना।
मरना चाहती हूं सुकून से
तो कुछ पल तो जी लेने दो,
कसम है आपको
मुझे मत सताना।
सुरेखा...

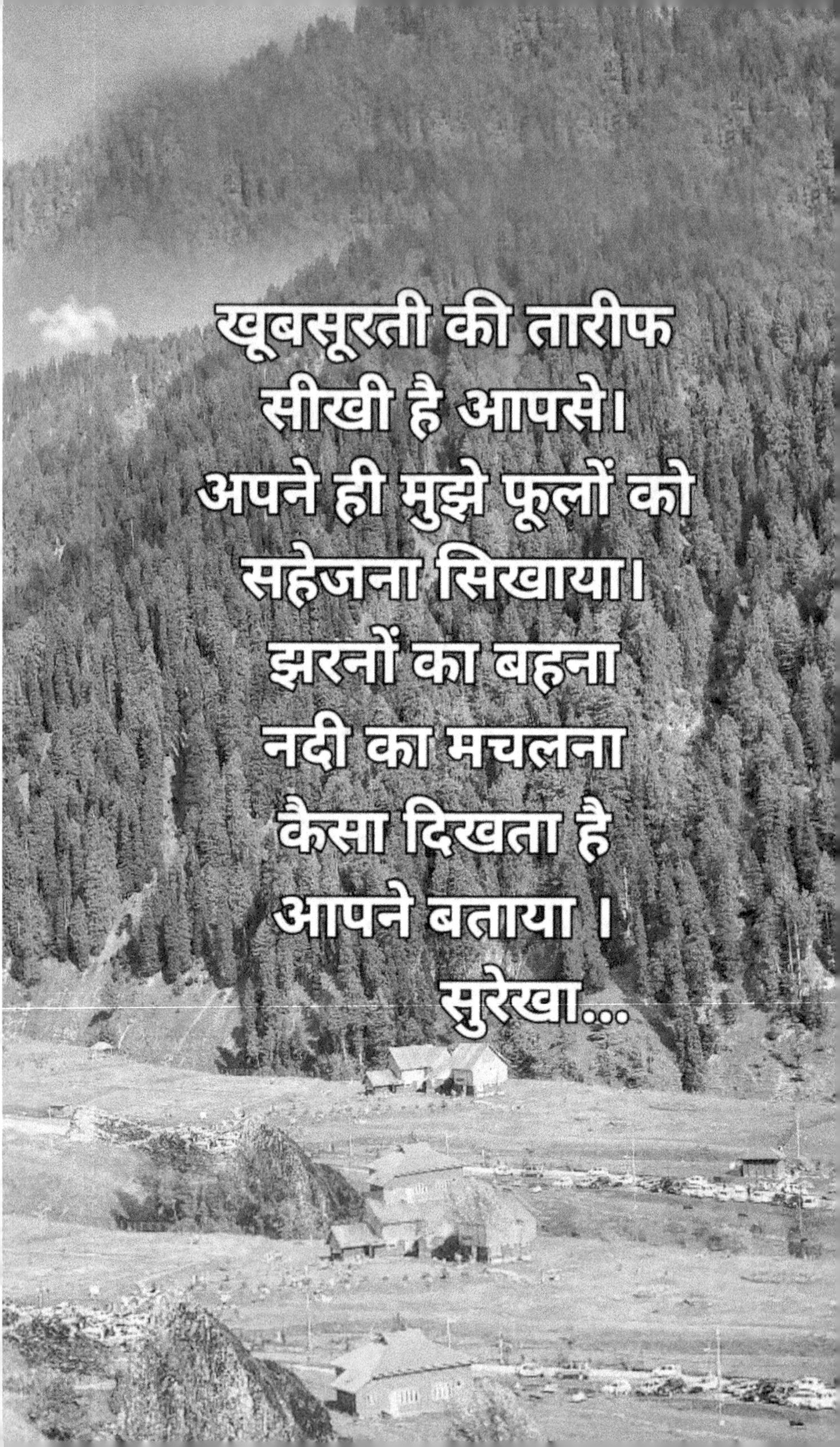

खूबसूरती की तारीफ
सीखी है आपसे।
अपने ही मुझे फूलों को
सहेजना सिखाया।
झरनों का बहना
नदी का मचलना
कैसा दिखता है
आपने बताया ।
सुरेखा...

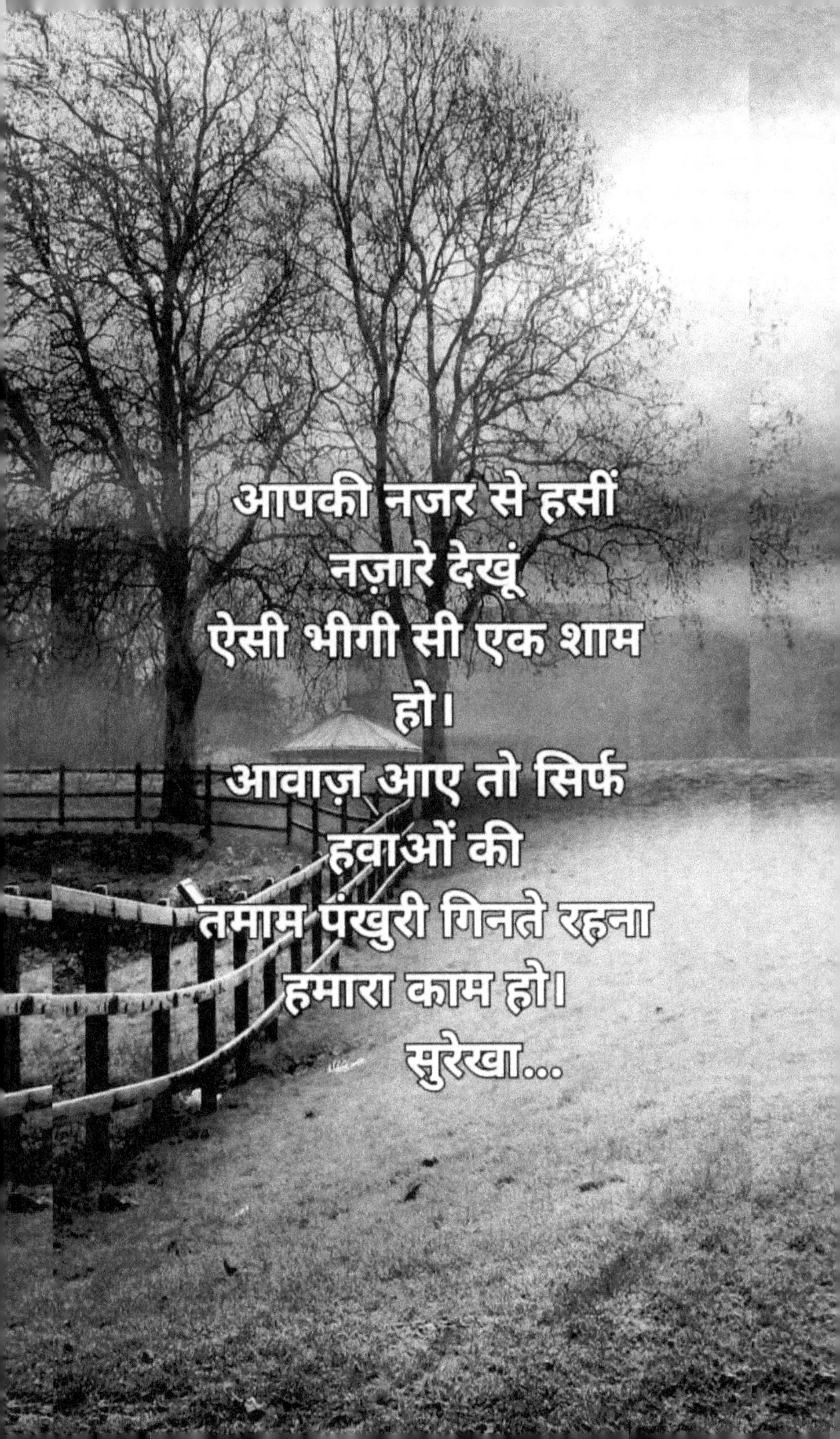

आपकी नजर से हसीं
नज़ारे देखूं
ऐसी भीगी सी एक शाम
हो।
आवाज़ आए तो सिर्फ
हवाओं की
तमाम पंखुरी गिनते रहना
हमारा काम हो।
सुरेखा...

फूलों की वादियों का
समां अजब था।
इश्क का नशा
गजब था।
हमने कुछ कांटे बिछा दिए
कदम अपने लहू लुहां किए।
पर ये तिकड़म काम नहीं आई
महबूब की याद हर सांस में समाई।
सुरेखा ...

छोटे छोटे टुकड़े
बादल के
जैसे मासूम सी
ख्वाहिशें
तैर कर आस्मा तक
पहुंच गई है।
और गुलाबी खयाल
उनको
उलट पलट कर यूं
देख रहे हैं
जैसे उम्मीद कारवां
तक पहुंच गई है।
सुरेखा...

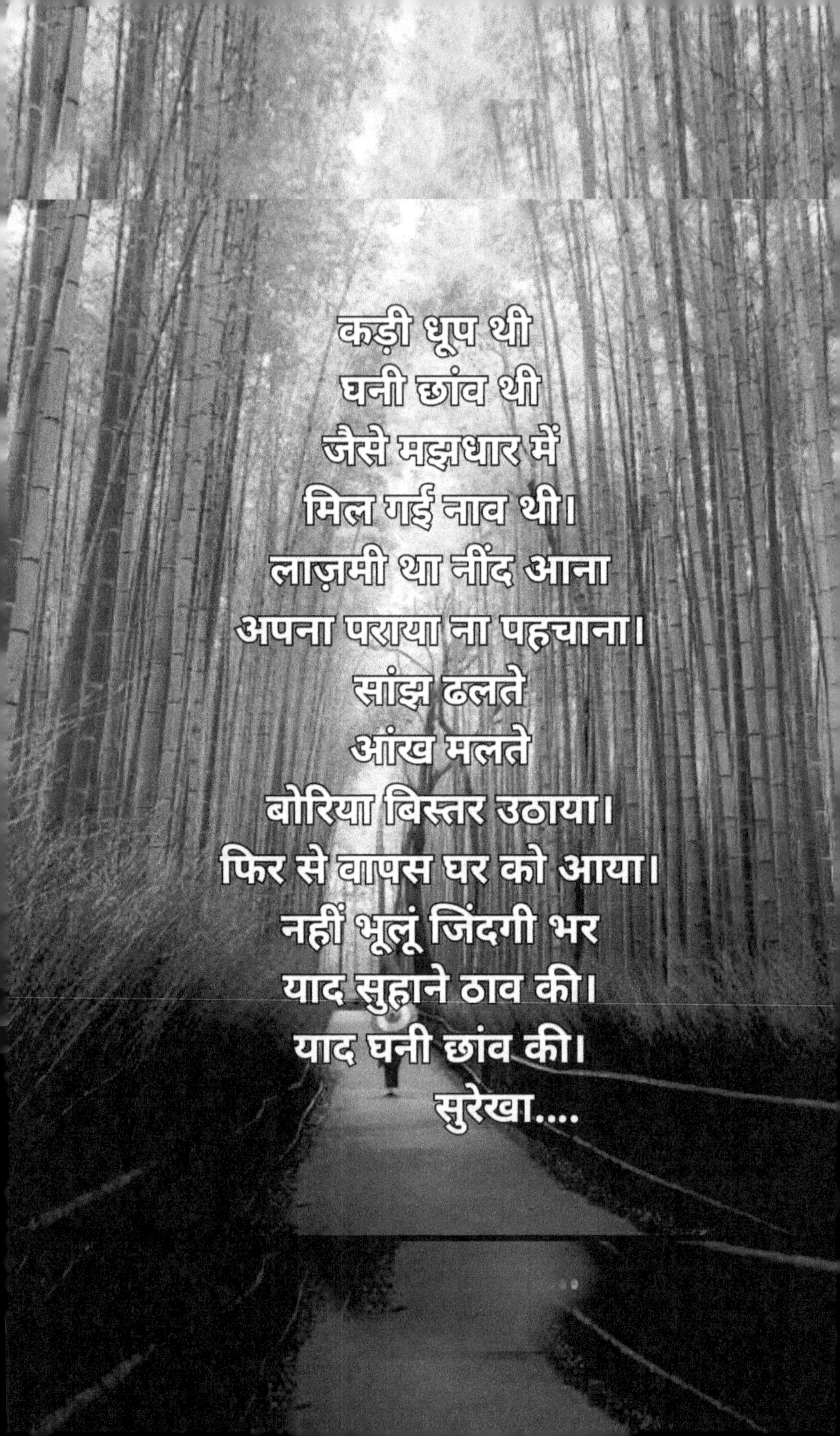

कड़ी धूप थी
घनी छांव थी
जैसे मझधार में
मिल गई नाव थी।
लाज़मी था नींद आना
अपना पराया ना पहचाना।
सांझ ढलते
आंख मलते
बोरिया बिस्तर उठाया।
फिर से वापस घर को आया।
नहीं भूलूं जिंदगी भर
याद सुहाने ठाव की।
याद घनी छांव की।
सुरेखा....

पूरा जाम तो पी लेने दिया होता
दो पल ही सही
जी लेने दिया होता।
या तो सामने ही नहीं आते
आ गए तो दीदार
कर लेने दिया होता ।
सुरेखा...

मुझे हर तोहफा बख्शा है
ऊपर वाले ने ।
मैंने ही देर कर दी है
खुद को समझाने में।
बची है जो भी जिंदगी
करेगे शुकराना उसका,
एक पल भी जाया ना हो
किसी को भी सताने में।
सुरेखा...

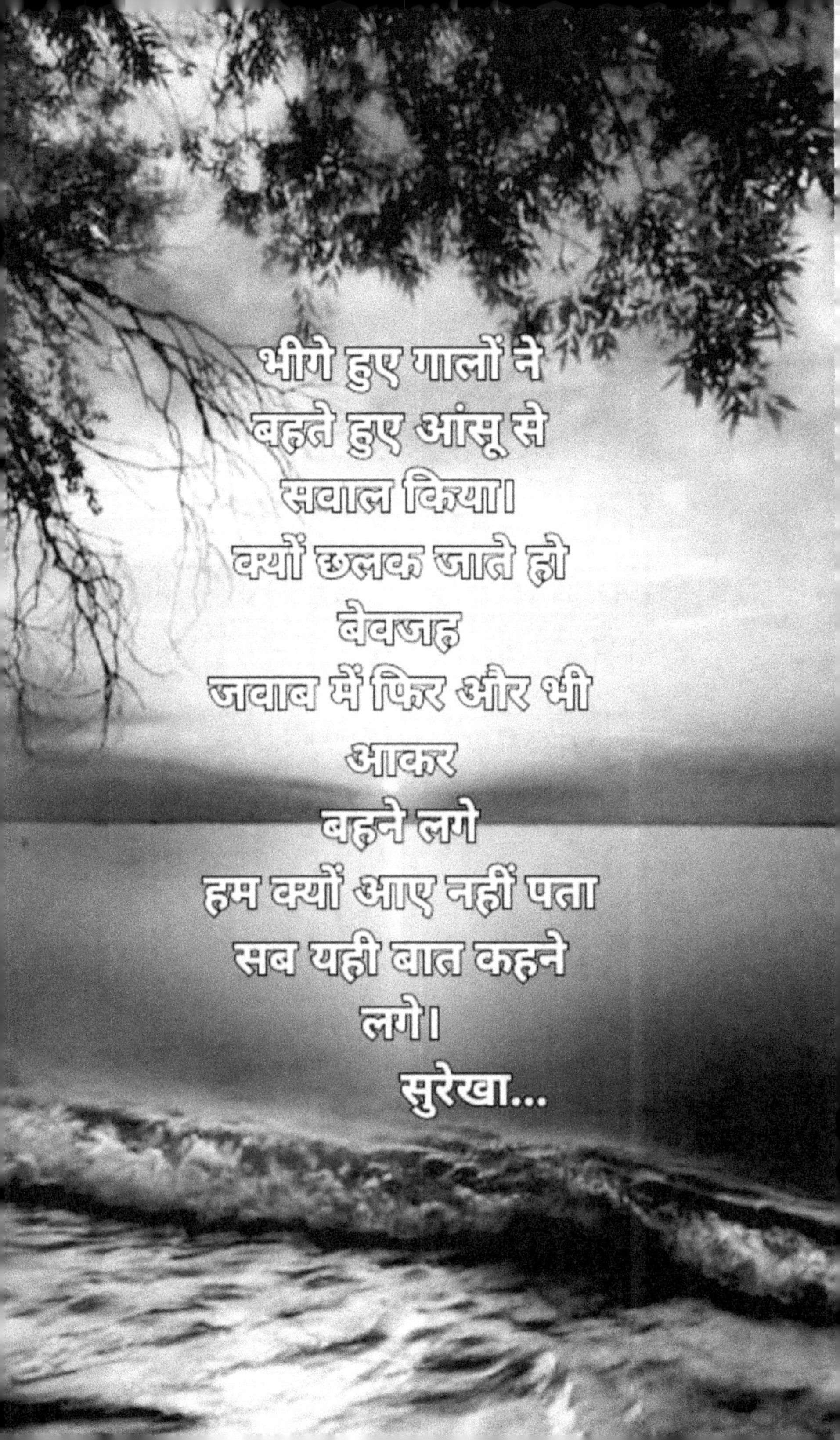

भीगे हुए गालों ने
बहते हुए आंसू से
सवाल किया।
क्यों छलक जाते हो
बेवजह
जवाब में फिर और भी
आकर
बहने लगे
हम क्यों आए नहीं पता
सब यही बात कहने
लगे।
सुरेखा...

इतनी होशियारी से उसने
किनारा मुझसे कर लिया।
ना जेहमत बेवफ़ाई की,
वफ़ा को भी निभा दिया।
सुरेखा .....

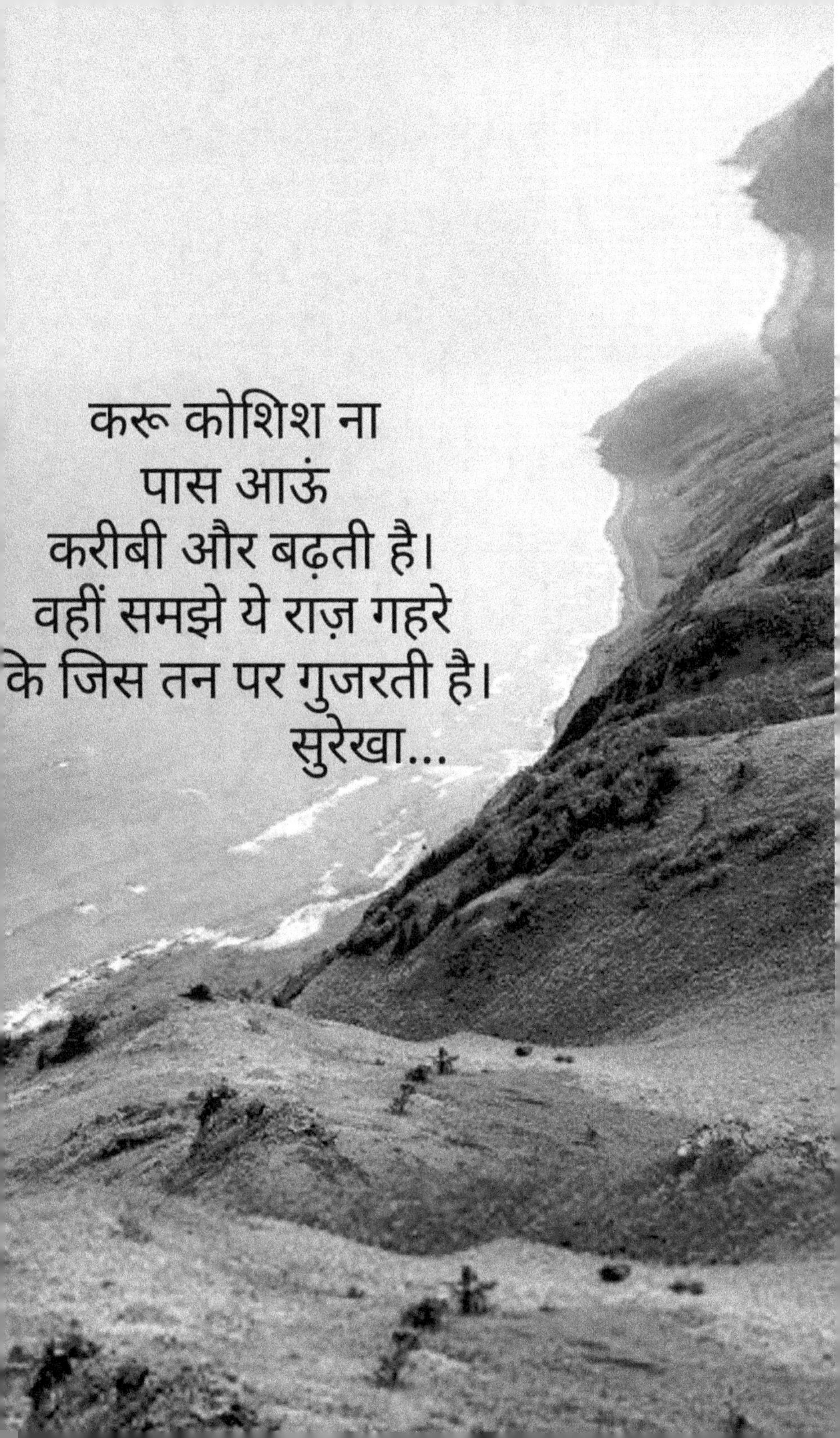

करू कोशिश ना
पास आऊं
करीबी और बढ़ती है।
वहीं समझे ये राज़ गहरे
के जिस तन पर गुजरती है।
सुरेखा...

खुशगवार मौसम हो
बेहतरीन फूल तमाम।
ऐसे ही सुहानी गुजरे
आपकी हर एक शाम।
सुरेखा...

हरी भरी फसल थी
ओले बरस गए
बेबस ये नज़ारे
बेचारे देखते रहे।
फिर से जमीं बनायेगे
नए फूल हम उगाएंगे।
फिर से उन्हें सजाएंगे।
सोच कर मासूम दिल
फिर से हरस गए
ओले बरस गए।
सुरेखा...

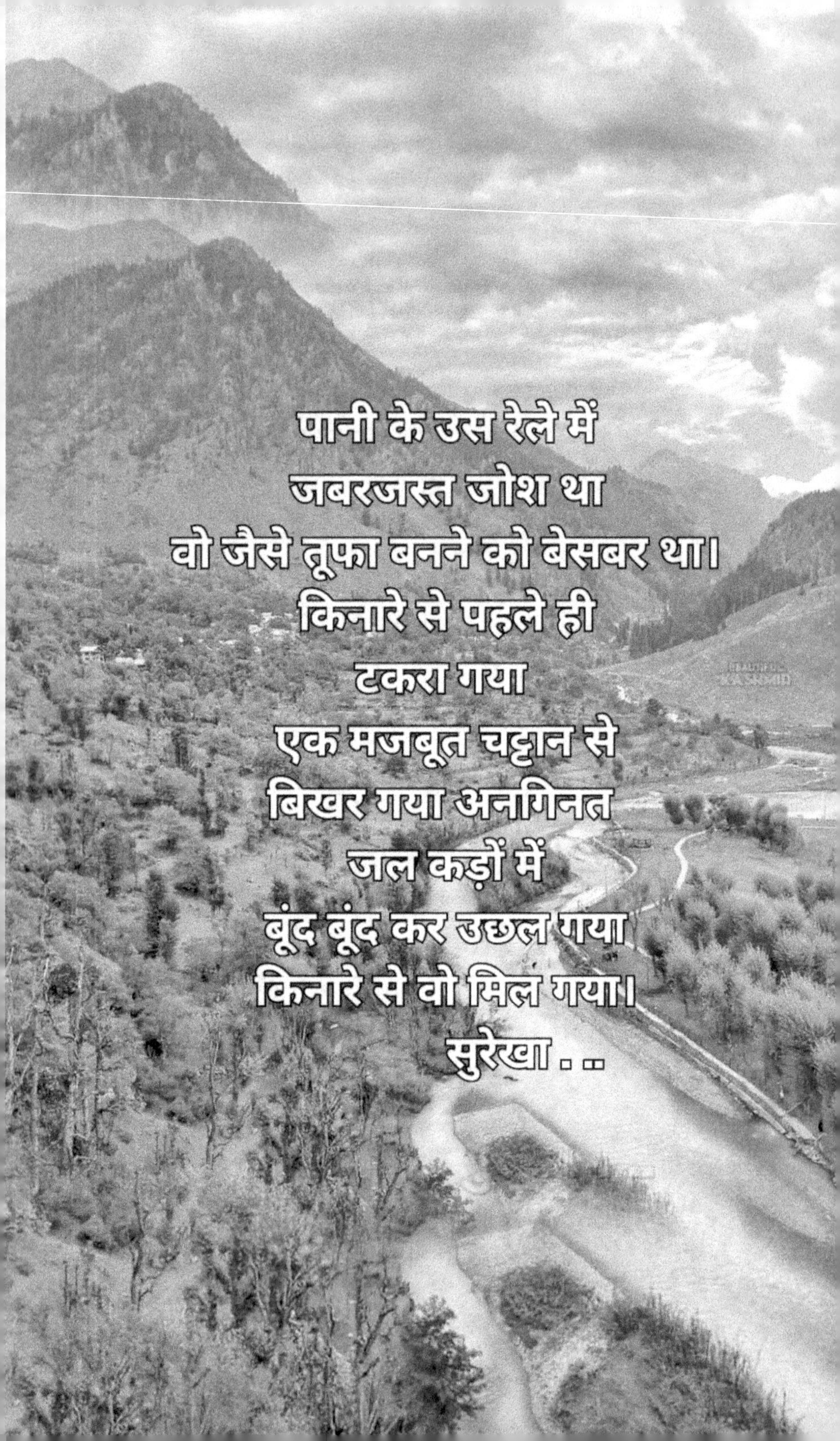

पानी के उस रेले में
जबरजस्त जोश था
वो जैसे तूफा बनने को बेसबर था।
किनारे से पहले ही
टकरा गया
एक मजबूत चट्टान से
बिखर गया अनगिनत
जल कड़ों में
बूंद बूंद कर उछल गया
किनारे से वो मिल गया।
सुरेखा . ..

आशिक से बड़ा
दहशत गरद कहा मिलेगा
सुरेखा तुझे,
कत्ल में माहिर है वो
सबूत सारे गायब हैं ।
सुरेखा...

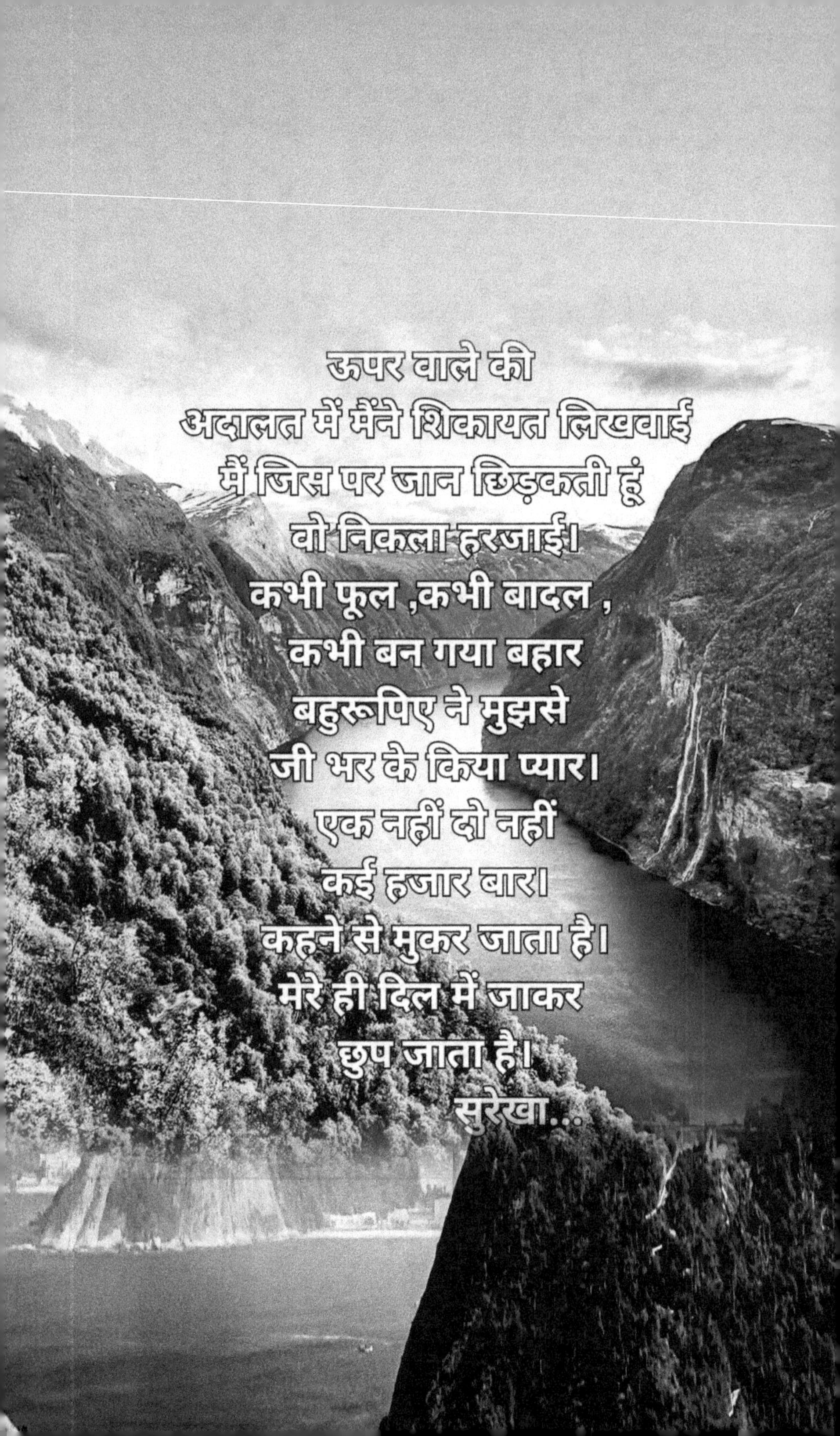

ऊपर वाले की
अदालत में मैंने शिकायत लिखवाई
मैं जिस पर जान छिड़कती हूं
वो निकला हरजाई।
कभी फूल ,कभी बादल ,
कभी बन गया बहार
बहुरूपिए ने मुझसे
जी भर के किया प्यार।
एक नहीं दो नहीं
कई हजार बार।
कहने से मुकर जाता है।
मेरे ही दिल में जाकर
छुप जाता है।

सुरेखा...

दिल जो दुखाया हो तो
माफ़ कर देना
नई सुबह है
अपना दिल साफ कर लेना।
कभी हमारी फ़ितरत कुछ
चंचल हो जाती है
जैसे आपको ठीक लगे
इंसाफ कर देना ।
सुरेखा...

होश में खुद को
बेबस बोहोत देखा
और बेखुदी में
होश उड़े रहते हैं।
नींदों के बसेरे
बन गए सूरज तले,
सपनों के झुरमुट
पहरों में खड़े रहते है।
सुरेखा...

हमारा सच
दुनिया को शायरी लगा,
नब्ज़ की रवायत
लिखी हुई डायरी लगा।
झूठ से ढके हुए हम
शरीफ लगे दुनिया को
और दिल खोला तो
धोखा बाहरी लगा।
सुरेखा...

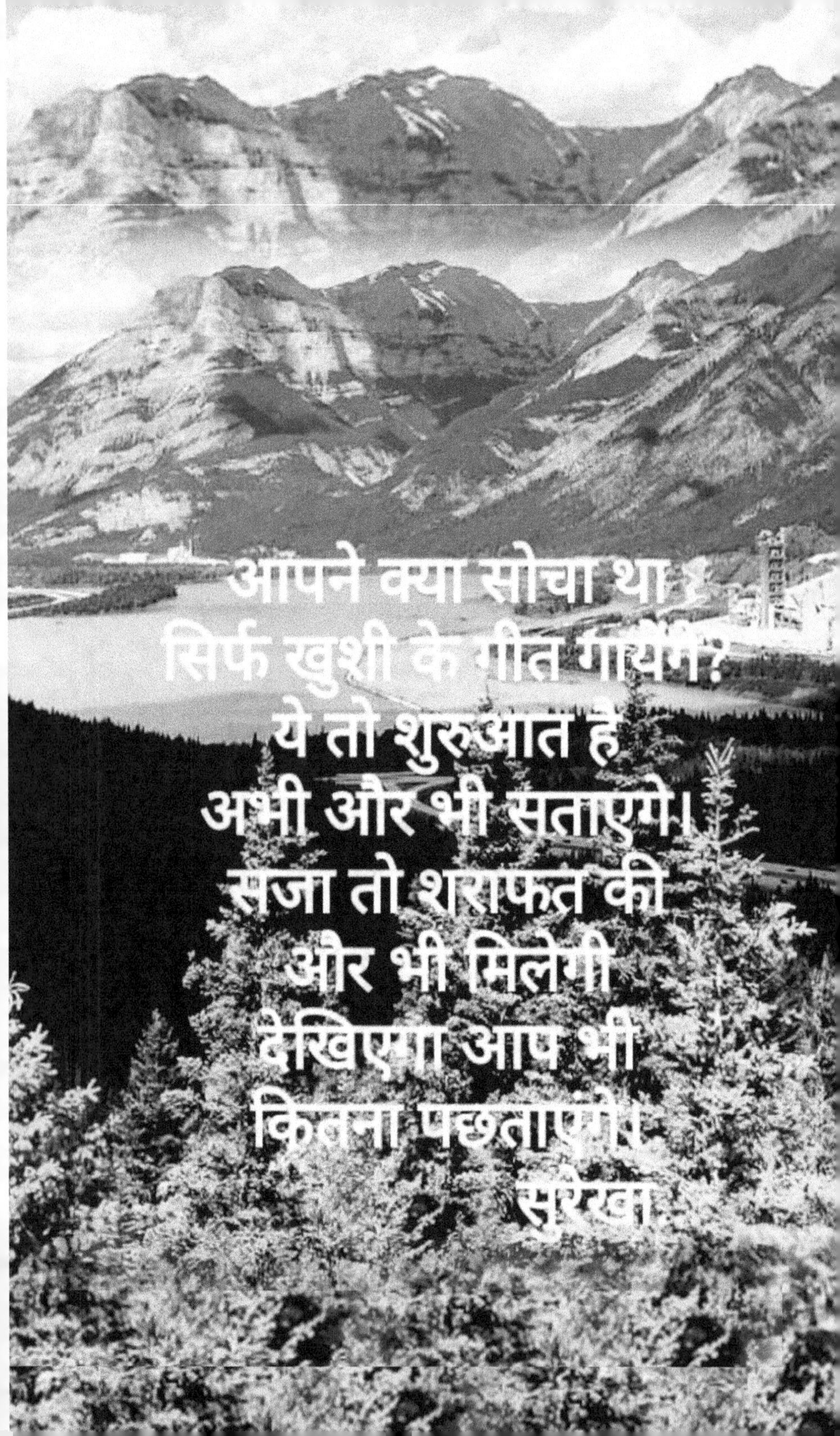

आपने क्या सोचा था
सिर्फ खुशी के गीत गायेंगे?
ये तो शुरुआत है
अभी और भी सताएंगे।
सजा तो शराफत की
और भी मिलेगी
देखिएगा आप भी
कितना पछताएंगे।
सुरेखा

हवन का दस्तूर
मुझे हैरान कर गया।
घी डाल कर लपटों को
कई गुना किया।
जब आग से
हुई क्रांति
तो सब बोलने लगे
ॐ शांति ॐ शांति।
सुरेखा...

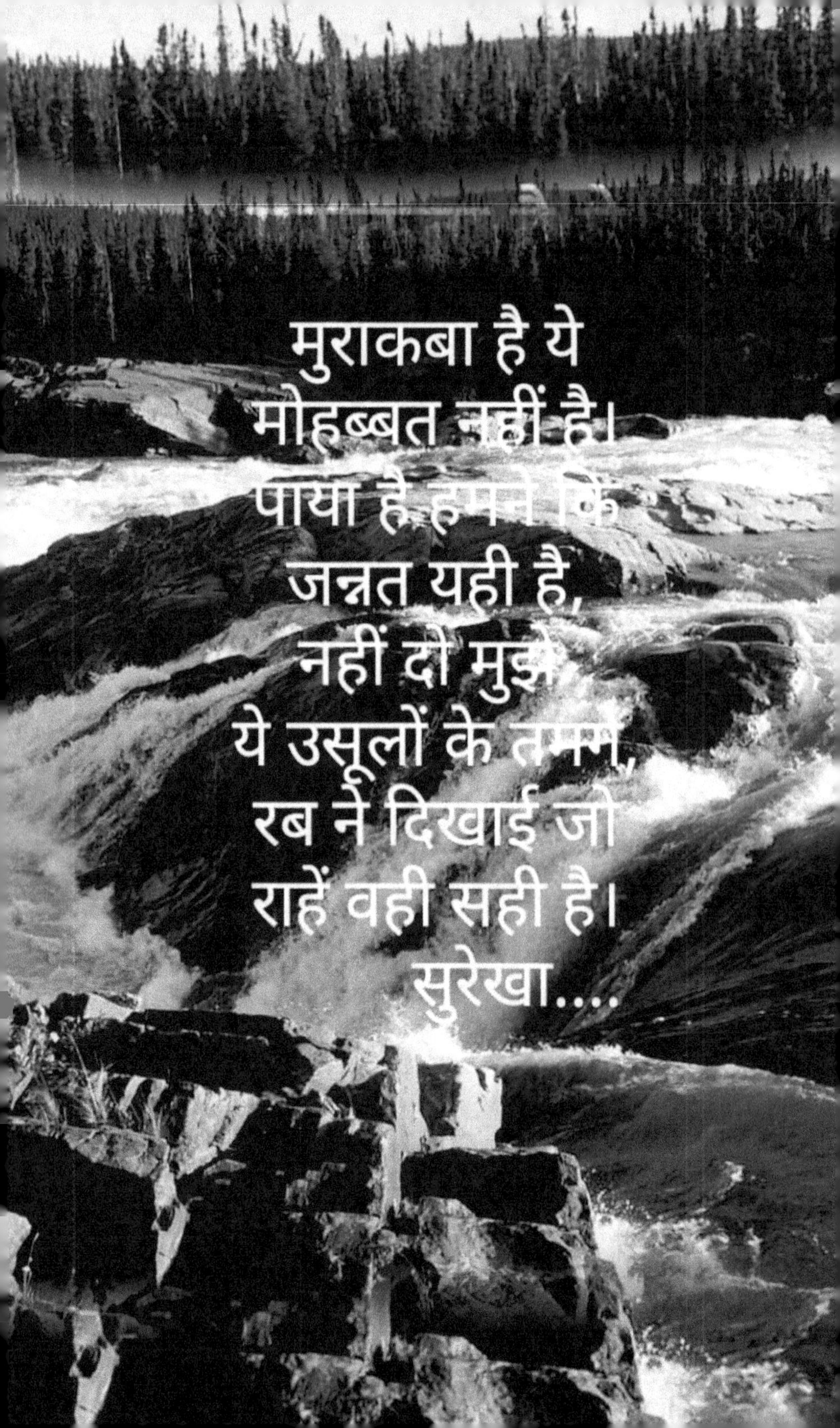

मुराकबा है ये
मोहब्बत नहीं है।
पाया है हमने के
जन्नत यही है,
नहीं दो मुझे
ये उसूलों के तमग़,
रब ने दिखाई जो
राहें वही सही है।
सुरेखा.....

बोहोत अच्छी बनती थी
नींदों की और रातों की
इश्क से ये देखा ना गया
और दोनों के बीच
फासले कर गया।

.... दी
उनके .... में।
सपने ये देख देख
हंसते हैं।
खुशी से झूम उठी
रुसवाई
बेचैनी की तो
मौज ही जैसे
बन आई।
सुरेखा....

फिर एक नई सुबह
जीने की बनी वजह,
धूप -छाव खेल रही,
फजा दिखे बोहोत जवां।
दूर कहीं आवाजे
मिली जुली आती है।
प्यारे से गीत जैसे
परियां वहां गाती है
चारों तरफ खुशहाली
नज़र गई जहां जहां।
फिर एक नई सुबह
जीने की बनी वजह।
सुरेखा.....

चुप्पी जलाती है
ये मेरी गलतफहमी है
आपका तो एक एक लब्ज़
आग का दरिया है।
जमाने को क्या खबर
यही मेरी रूह की
ठंडक है
और बस
यही मेरी सांस का जरिया है।
सुरेखा....

भेजा है मैंने शाम को
ढेरों सौगातें लेकर
आपके दर पर।
उसके साथ खुशी और
मोहब्बत भी हैं।
दोनों मर्ज़ी के मालिक हैं
लिख कर ले गए है
आपका नाम अपने दिल पर।
नहीं भी आने देंगे तो
जबरन चले आयेंगे।
खुशी को शायद रोक सके
पर मोहब्बत से
हरगिज़ ना जीत पाएंगे।
सुरेखा......

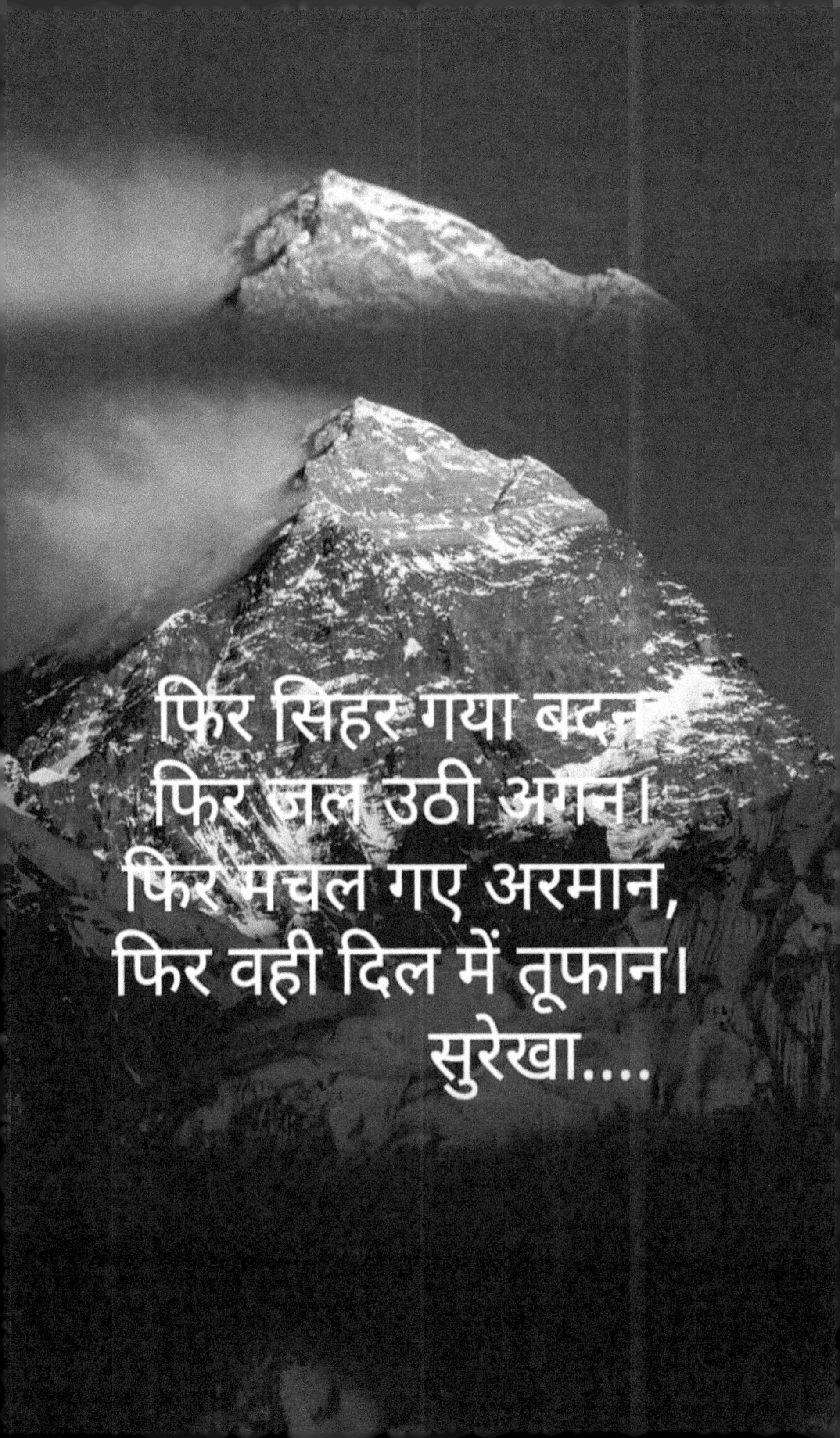

फिर सिहर गया बदन
फिर जल उठी अगन।
फिर मचल गए अरमान,
फिर वही दिल में तूफान।
सुरेखा....

एक नया कानून बनाओ
जब दो दिल चाह रहे हों
एक दूजे को,
उनको फूलों का घर
दिलाए सरकार।
जिसकी देखरेख का
जिम्मा
उठाए कोई दिलदार।
सुरेखा...

इज्जत ए नफस की खातिर
आंसू छुपा कर रखना है
ये मैंने कसम खाई है।
सच्चे दोस्तो के आगे
पर आ ही जाती रुलाई है।
सुरेखा......

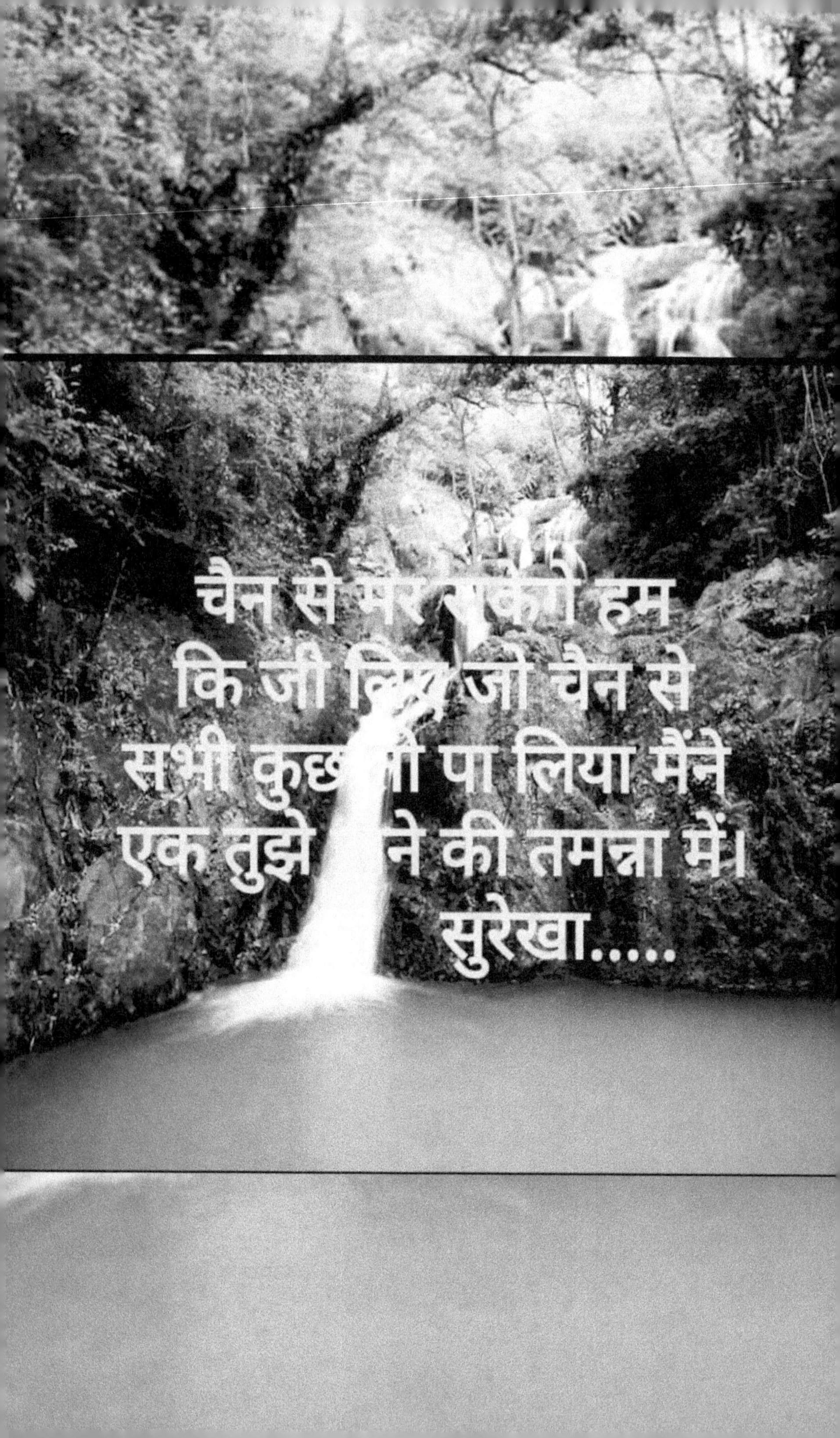
चैन से हम
कि जी जो चैन से
सभी कुछ पा लिया मैंने
एक तुझे की तमन्ना में।
सुरेखा.....

जो भी लम्हे जिये है
आपके साथ
वो बोहोत ही यादगार हो गए है
खुद को ही जैसे पा लिया
दुनिया को लगा हम सो गए हैं ।
सुरेखा.....

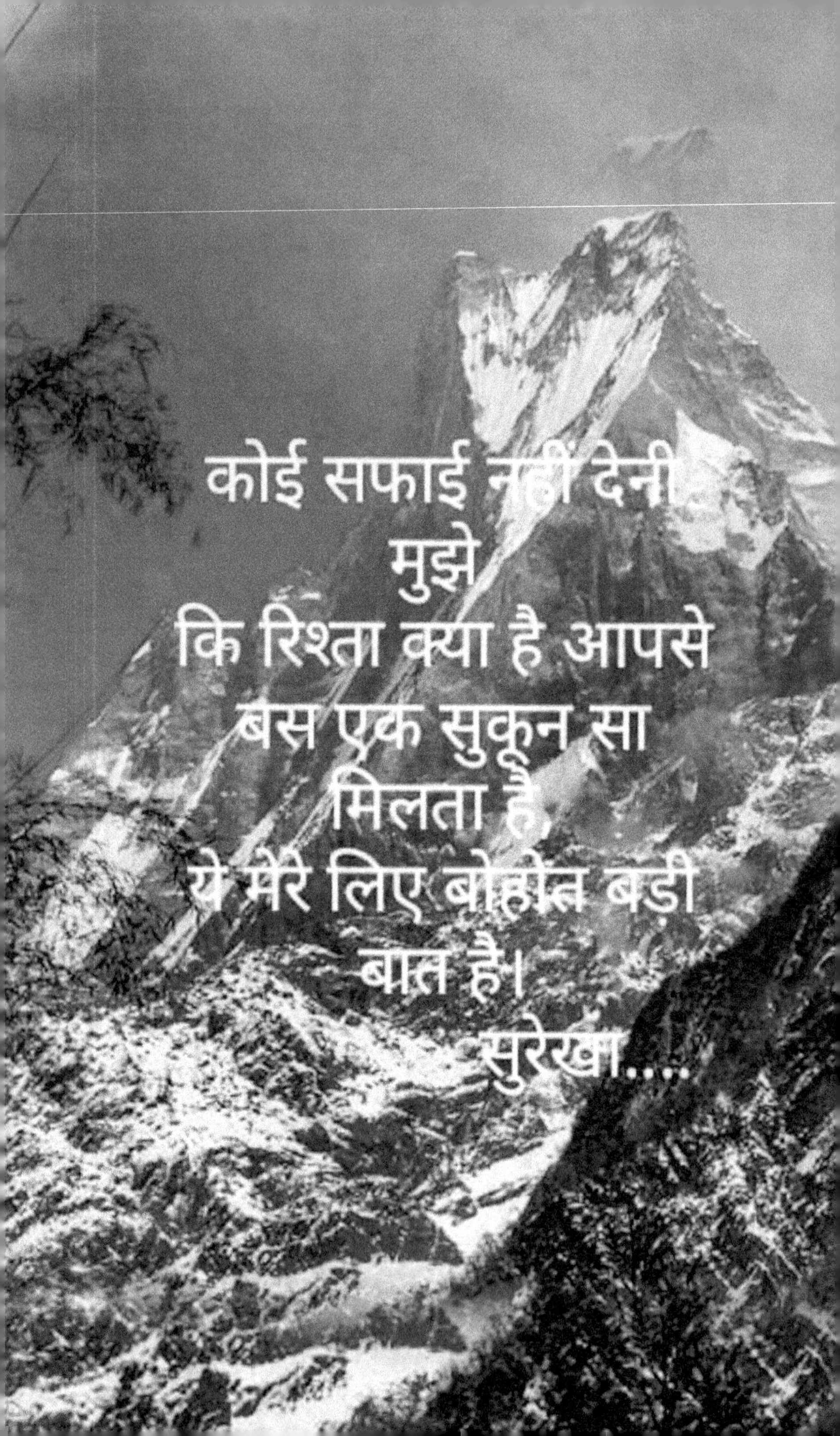

कोई सफाई नहीं देनी
मुझे
कि रिश्ता क्या है आपसे
बस एक सुकून सा
मिलता है,
ये मेरे लिए बोहोत बड़ी
बात है।
सुरेखा.....

किसी को चाहने की
हसरत भी एक सौगात है।
इसकी खुशबू महसूस करना
कहां सबके बस की बात है।
सुरेखा...

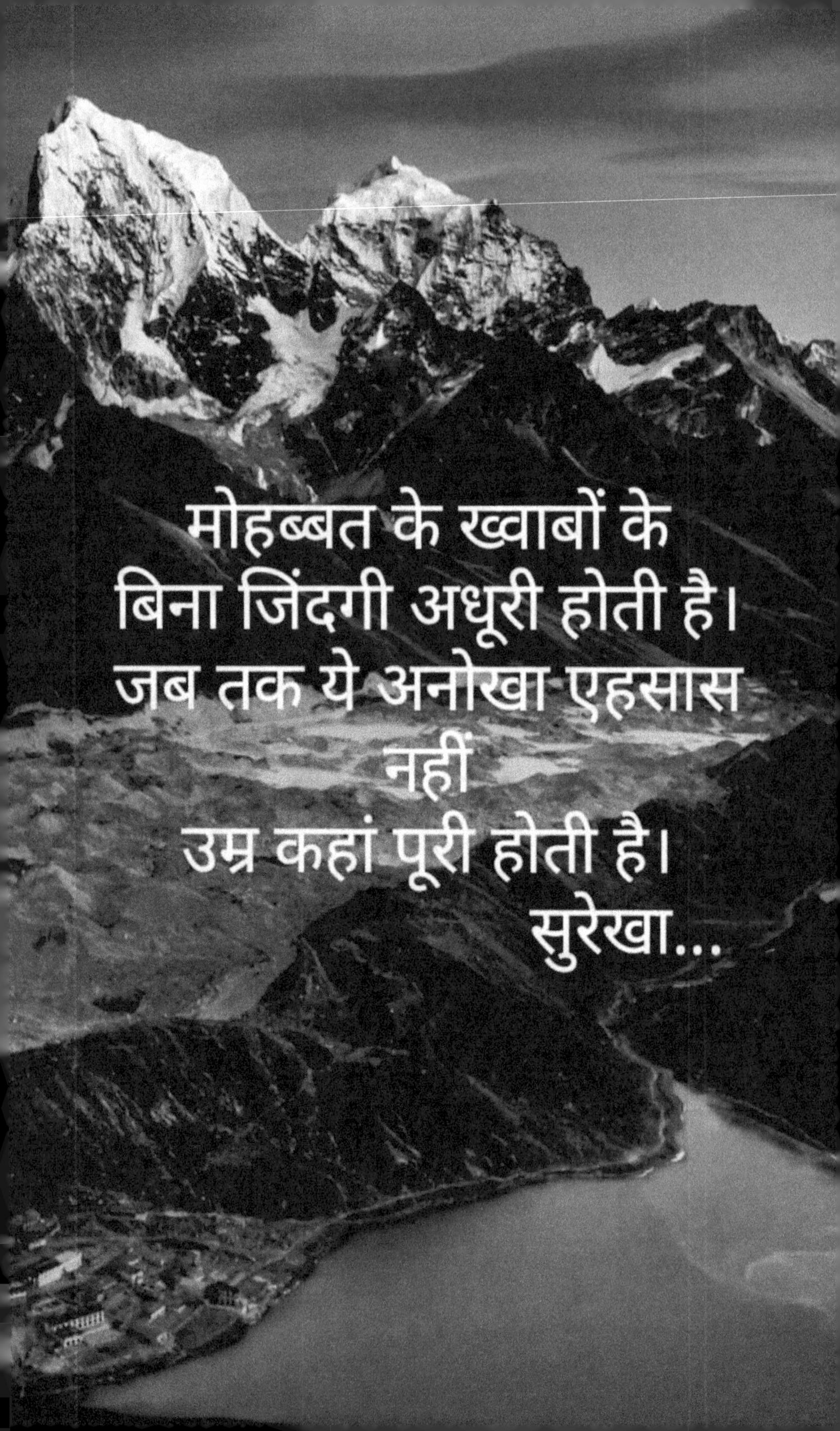

मोहब्बत के ख्वाबों के
बिना जिंदगी अधूरी होती है।
जब तक ये अनोखा एहसास
नहीं
उम्र कहां पूरी होती है।
सुरेखा...

सिसकी है
तबस्सुम है
तबाही है।
खुशियों की खेती
और नखरों की उगाही है।
दौर है कुछ गमों का
और कुछ चाहतों का
सिला
यही है जिंदगी मिली
जिसने दिल से चाही है।

सुरेखा...

मौसम बदलता है
पंछी विचरता है
परदेस में पोहोच
जाता है
उसका काफिला।
चाहत का ताना बाना
लेकर
मनुहार का पुल बना कर
इश्क अपने इश्क़ से
जाकर है मिला।

बेचैनी है
छटपटाहट है।
सिर्फ आहो की
आहट है।
खुशबू धोखा खा गई
कि जुगनू है चमके हुए,
किसको क्या खबर
मेरे आंसू की
जगमगाहट है।

सुरेखा...

कितनी हिम्मत अब
रखूं मैं,
और कितना
गम सहूं मैं।
दूर कितने है किनारे,
साहिल का पता नहीं है।
कोई उनको भी बताए
काश कि समझा भी
पाए,
दिल की ये
ख़ता नहीं है।
दूर कितने है किनारे
साहिल का पता नहीं है।

सुर नहीं लगते मेरे
साज भी नाराज़ से है।
सहमी सहमी सी फिजाएं
अजनबी कुछ राज से है।
मीत से मिलने के मौसम
छुप गए जाने कहां
मुझसे कतराने लगे
रूखे ये अल्फाज से है।

सुरेखा...

गुस्ताखियां पिघल गई
करीबी की तपिश से
रंग महकने लगे
खामोश गुजारिश से।
महसूस की ऐसी लहर
पहली दफा बहार में,
कदम आगे बढ़ चले
कुदरत की सिफारिश से।

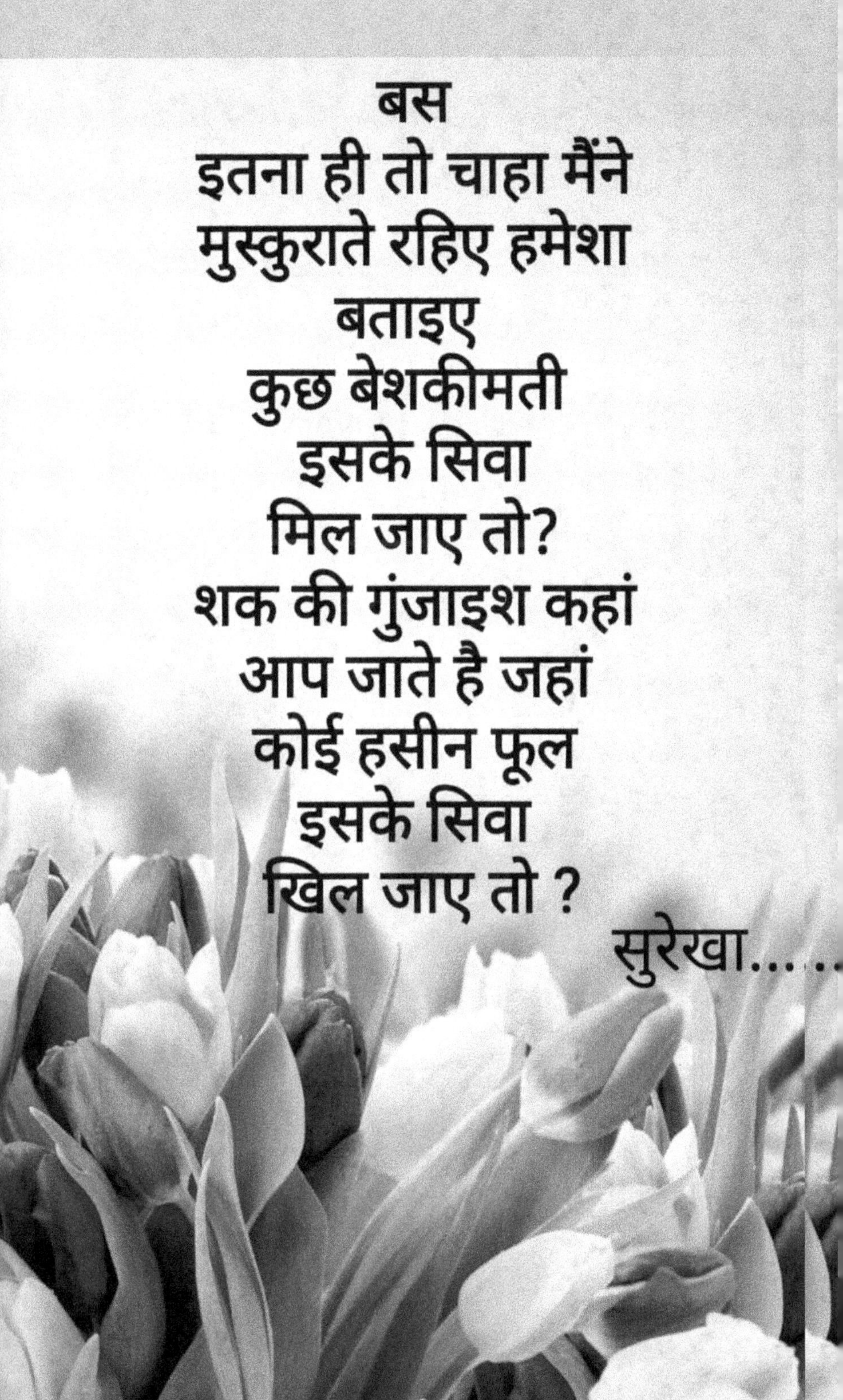

बस
इतना ही तो चाहा मैंने
मुस्कुराते रहिए हमेशा
बताइए
कुछ बेशकीमती
इसके सिवा
मिल जाए तो?
शक की गुंजाइश कहां
आप जाते है जहां
कोई हसीन फूल
इसके सिवा
खिल जाए तो ?
सुरेखा......

बस
इतना ही तो चाहा मैंने
मुस्कुराते रहिए हमेशा
बताइए
कुछ बेशकीमती
इसके सिवा
मिल जाए तो?
शक की गुंजाइश कहां
आप जाते है जहां
कोई हसीन फूल
इसके सिवा
खिल जाए तो ?

सुरेखा...

शुक्रिया
मेरी सुबह को
खुशनुमा बनाने का।
एक बहाना मिल गया
प्यारा गीत गाने का।
बोहोत से गीत सुने होंगे आपने
इत्र ये विचित्र है
इस नए तराने का ।

नज़ारे पूछते है
क्यों तुझे
शोलो में बर्फ दिखती है?
बहारों ने कहा
बारिश में
तू आखिर क्यों जलती
है।
और मुझे
सुदबुध नहीं
कि
क्या जगह?
कैसे सवाल?
बस गई मैं
उनके दिल में,
पूछे कोई मेरे
दिल का हाल।

सुरेखा...

परेशान कर
रही है
प्यार की
पहेलियां।
दिल तो मगन
मस्त है,
करने में
रंगरेलियां।
इधर मन को
संभालने की
हो रही है
कोशिश,
उधर मुझे
छेड़ती है
मेरी सब
सहेलियां ।

सुरेखा...

आइए ना
साथ मिलकर
रंग देखेंगे।
बादलों के बनते
मिलते ढंग देखेंगे
शाम ढलने का
नज़ारा
एक दूजे की नजर
और बेखबर हो जाने
की
उमंग देखेंगे !!

सुरेखा...

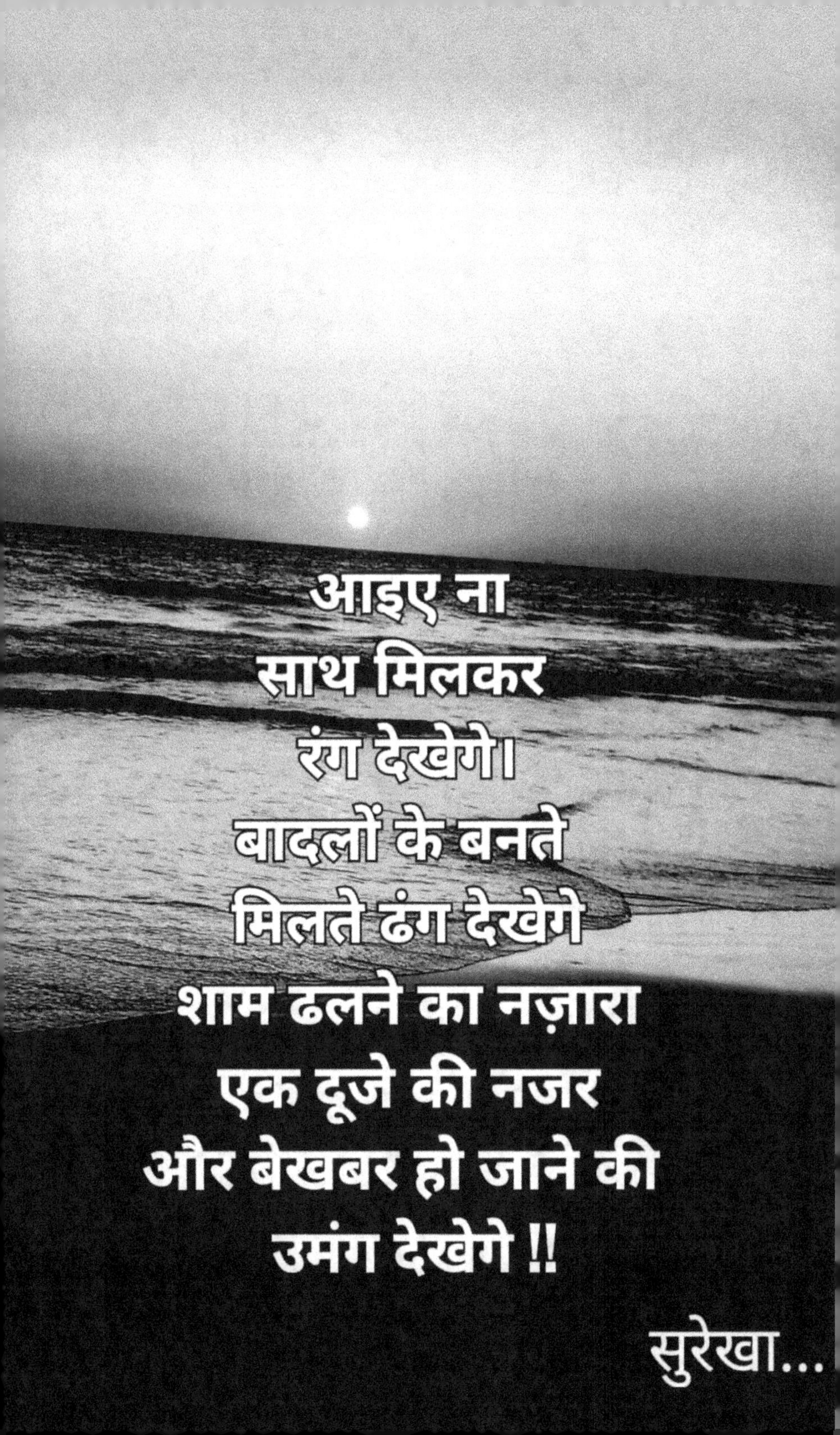

आइए ना
साथ मिलकर
रंग देखेंगे।
बादलों के बनते
मिलते ढंग देखेंगे
शाम ढलने का नज़ारा
एक दूजे की नजर
और बेखबर हो जाने की
उमंग देखेंगे !!

सुरेखा...

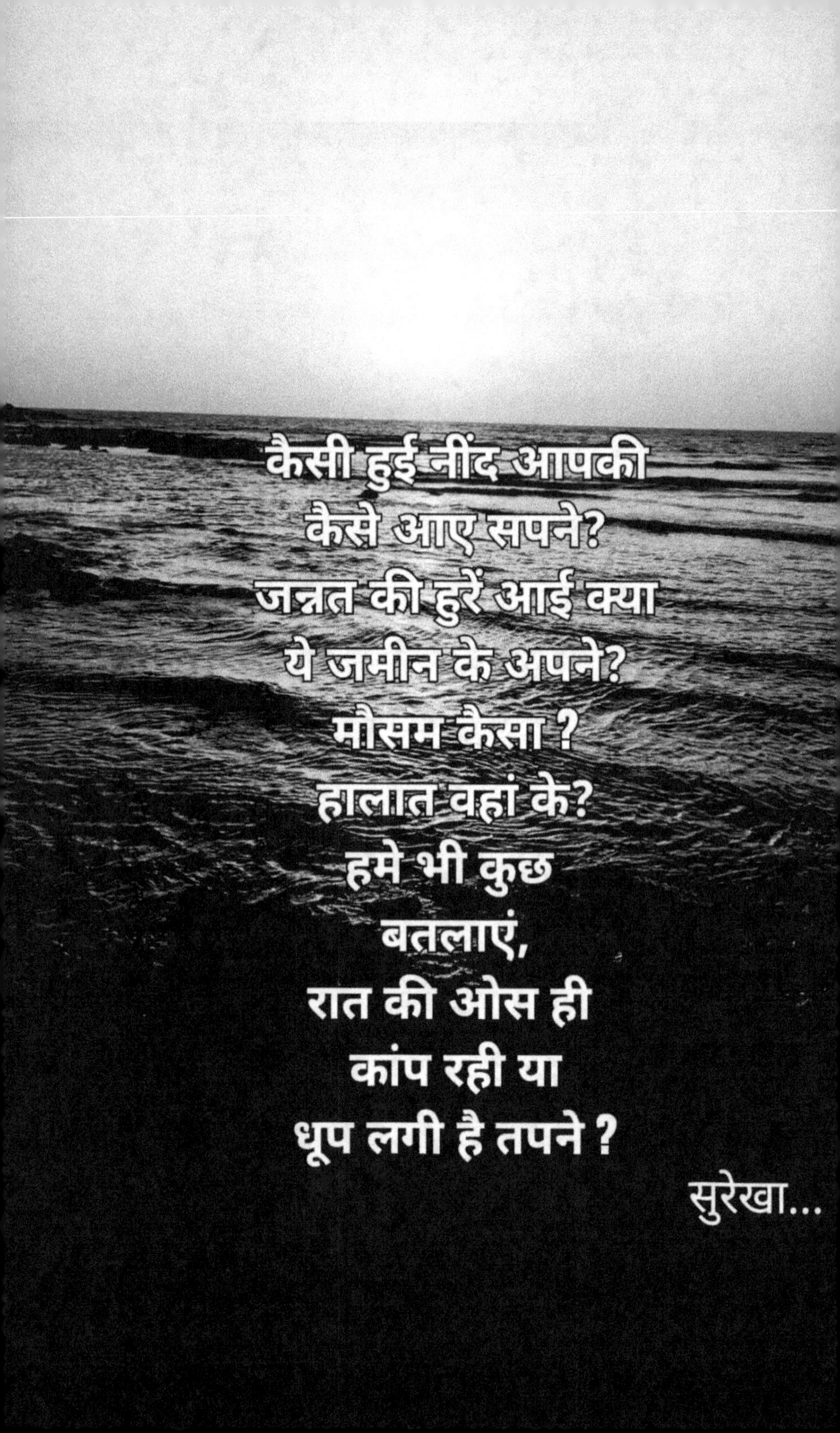

कैसी हुई नींद आपकी
कैसे आए सपने?
जन्नत की हुरें आई क्या
ये जमीन के अपने?
मौसम कैसा ?
हालात वहां के?
हमे भी कुछ
बतलाएं,
रात की ओस ही
कांप रही या
धूप लगी है तपने ?

सुरेखा...

समुंदर किनारे रेत पर
घरौंदे बनाते है
मिटाते है।
पल भर को सही
पर इनमे हम
जिंदगी जी जाते है।

उनके इशारों के जाम
बेहद नशीले हैं।

उनकी निगाहों के बान
बोहोत ही रंगीले हैं।

हर तरफ एक खुमारी सी
छाई रहती है,

गर्म रेतों के
शहर कुछ सीले सीले हैं।

पता ही नहीं चलता
उड़ रहे है,
या तैर रहे है।
डूब रहे है
सो गए है।
उनके खयालों का जादू
मेरे सर चढ़ कर
बोलता है,
अब तो आलम ये है कि
कभी हंस दिए
कभी रों रहे हैं ।

पता ही नहीं चलता
उड़ रहे है,
या तैर रहे है।
डूब रहे है
सो गए है।
उनके खयालों का जादू
मेरे सर चढ़ कर
बोलता है,
अब तो आलम ये है कि
कभी हंस दिए
कभी रोँ रहे हैं ।

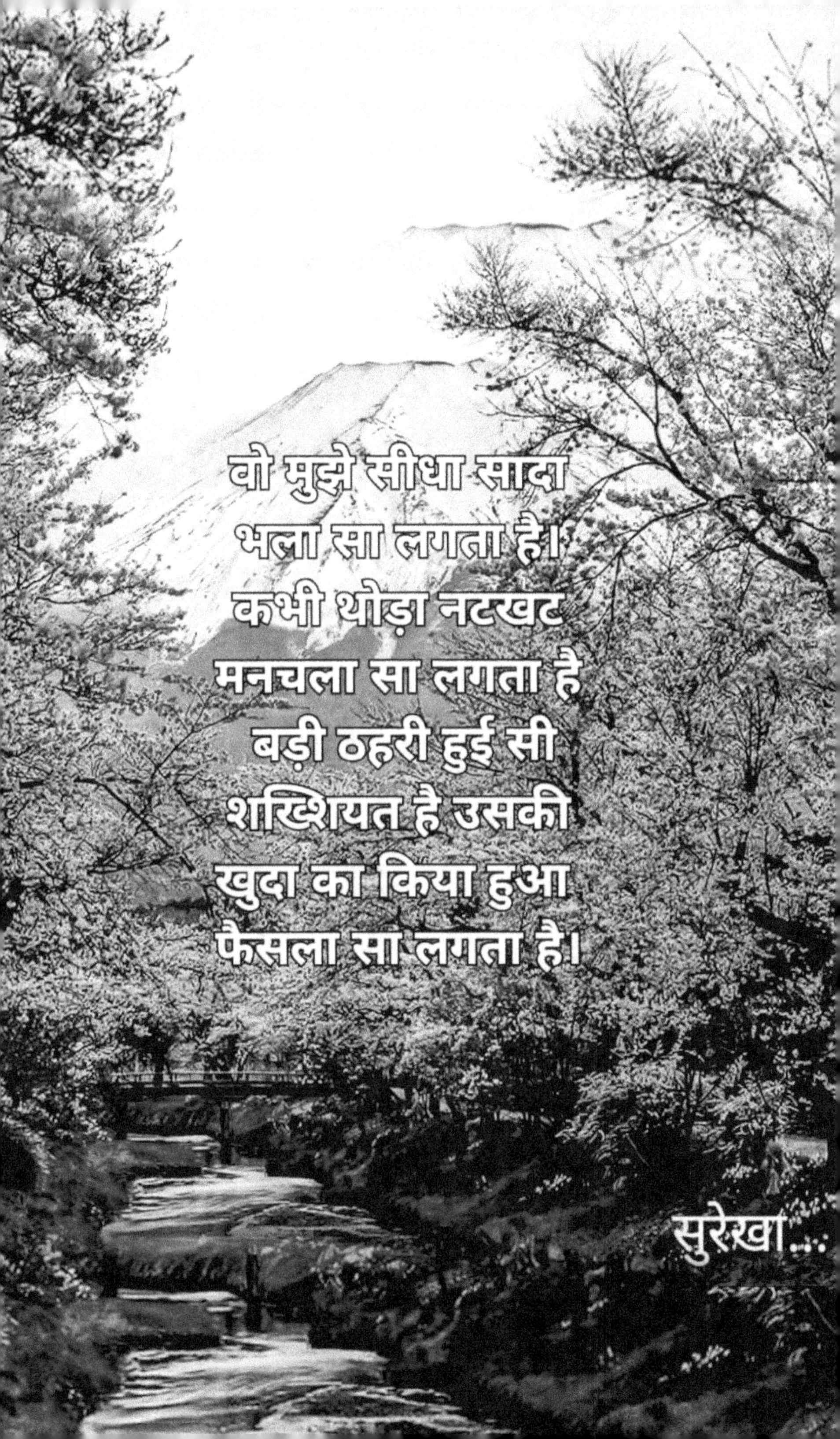

वो मुझे सीधा सादा
भला सा लगता है।
कभी थोड़ा नटखट
मनचला सा लगता है
बड़ी ठहरी हुई सी
शख़्शियत है उसकी
खुदा का किया हुआ
फैसला सा लगता है।
सुरेखा ...

एक बार रूबरू हूं
तो जाने का दिल
नहीं करता।
और मिलने से
कभी
दिल नहीं भरता।
कशिश ही कुछ
ऐसी है
उनके वजूद में
हर दफा पहले से
ये ज्यादा है
निखरता

सुरेखा.

प्यार की बाहों में
आएं
तो करार आ जाए।
प्यार की राहों में
प्यार मिल जाए तो
करार आ जाए ।।

हसरतों के होंठ
तमन्नाओं के लब से
पी रहे
नशीले घूंट
मोहब्बत की
जैसे पहली किश्त
वसूलने को बेकरार।
दसों दिशाओं ने
फूल बरसाए
और कहा
सलाम तुझे
प्यार प्यार प्यार।

www.ingramcontent.com/pod-product-compliance
Lightning Source LLC
Chambersburg PA
CBHW071230130726
47998CB00002B/904